Zwergenstübchen

Zwergenstübchen

JAHRBUCH

Vehling Verlag
Berlin • Werl i.W. • Basel • Graz

In diesem Zwergenstübchen Buch begleiten uns unsere Zwerge durch den Frühling, Sommer, Herbst und Winter.

Wir möchten Sie an unserem Zwergenstübchenalltag teilhaben lassen, deshalb laden wir Sie ein, mit uns durch die verschiedenen Jahreszeiten zu gehen. Wir haben für Sie Lieder, Spiele, Reime, Rätsel, Bastelarbeiten und Rezepte zusammengestellt. Mit wenig Aufwand und einfachen Mitteln wollen wir Ihnen Anregungen geben, wie Sie mit Ihrer Familie den Jahresablauf gestalten können.

Alle Mütter, Väter und Kinder wünschen Ihnen schöne Tage im Jahr und viel Freude mit dem Zwergenstübchen Jahrbuch.

Elke Schuster

2. Der Frühling bringt Blumen, der Sommer den Klee,
der Herbst, der bringt Trauben, der Winter den Schnee.

3. Und wie sie sich schwingen im lustigen Reihn,
so tanzen und singen wir fröhlich darein.

FRÜHLINGSKRÄNZCHEN

Material:
Zirkel, Schere, Klebstoff
Karton
Palmkätzchen
ein schmales Band

Herstellung:
Mit dem Zirkel zeichnet man zuerst einen Kreis von 9 cm Ø auf ein Stückchen Karton. Dann einen zweiten Kreis vom gleichen Kreismittelpunkt aus, der 8 cm Ø hat. Das Kränzchen kann natürlich auch größer oder kleiner angefertigt werden.

Dieser so entstandene Kreis wird ausgeschnitten, und wir erhalten eine Kreisschablone, die 1 cm breit ist. Auf diese werden nun die gut getrockneten Palmkätzchen geklebt. Hängt man dieses Kränzchen an einer Wand auf, werden sie einseitig mit Palmkätzchen beklebt, will man sie an Zweige oder frei aufhängen, beklebt man beide Seiten. Zum Schluß wird als Aufhänger das Band angebracht.

Frühlingsrätsel

Ich kenne kleine Katzen,
die fangen keine Spatzen,
die fangen keine Maus
und wohnen nicht im Haus.
Sie können auch nicht steigen
und sitzen doch auf Zweigen.
Wer nennt mir diese Kätzchen,
die kleiner sind als Spätzchen?

(Palmkätzchen)

VOGELNESTCHEN

Material:
Klebstoff
1 Nuß
Moos
Palmkätzchen
1 roter Tonpapierrest
Wollfaden

Herstellung:
Zuerst halbieren wir eine Nuß, höhlen diese aus und füllen die Nußhälfte mit Moos, das ergibt unser Vogelnest.
Auf das Moos kleben wir 2 oder 3 Palmkätzchen als Vögelchen. Aus rotem Tonpapier basteln wir die Schnäbel. Dafür legt man ein kleines Stückchen Tonpapier doppelt und schneidet ein Dreieck aus. Den so entstandenen Knick kleben wir am Palmkätzchen an. Das gibt die geöffneten Schnäbelchen. Zum Schluß kleben wir rechts und links der Nußschale den Wollfaden zum Aufhängen fest.

Kniereiterspiel

Steigt ein Büblein auf den Baum.
Hoch so hoch man sieht es kaum.
Hüpft von Ast zu Ästchen,
guckt ins Vogelnestchen.
Hei, da lacht es.
Hei, da kracht es.
Plumps, da liegt es unten.

Das Kind sitzt auf dem Schoß. Es hebt seinen linken Unterarm (als Baum) senkrecht. Die Finger der rechten Hand klettern als Büblein den Baum hinauf (vom Ellenbogen bis zu den Fingerspitzen). Die Finger der linken Hand sind die Äste, und die Finger der rechten Hand springen von Ast zu Ästchen. Mit beiden Händen ein Vogelnestchen formen, bei „hei, da lacht es“ in die Hände klatschen, genauso bei „hei, da kracht es“. Bei „plumps“ das Kind plumpsen lassen.

Fingerspiel

In die Hecke, auf die Ästchen,
baut ein Vogel sich ein Nestchen.
Legt hinein zwei Eierlein,
brütet draus zwei Vögelein.
Rufen: "Mutter, piep, piep, piep
gib uns Futter, gib, gib, gib."

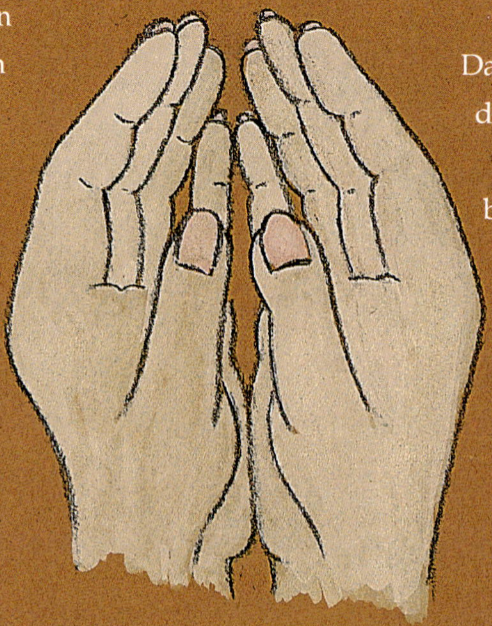

Beide Hände zu einem Vogelnest formen. Die beiden Daumenspitzen sind zuerst die beiden Eier. Nach dem Ausbrüten schauen die beiden Daumen als Vögel über das Nest.

Wir stellen einen Stuhlkreis mit so vielen Stühlen wie Kinder anwesend sind.
Jedes Kind sucht sich einen Vogelnamen aus (Amsel, Meise, Spatz ...).
Nun stellen wir noch einen Stuhl in den Kreis und das Kind, das links neben diesem Stuhl sitzt, klatscht mit seiner rechten Hand auf die Sitzfläche und spricht: „Dies Nest ist leer, da wünsche ich mir den .... (z.B. Spatz) her.“
Der Spatz fliegt hin und setzt sich auf den leeren Stuhl.
„Spatz's“ alter Platz ist freigeworden und das Spiel beginnt von vorne.

KRESSE SÄEN

Material:
Tonschale mit Rand
Blumenerde
Kressesamen

Eine Tonschale wird (nicht ganz bis zum Rand) mit Blumenerde gefüllt. Die Samenkörnchen werden dicht auf die Erde gesät und leicht mit Erde bedeckt. Dann ein wenig andrücken und vorsichtig gießen. Damit die Kresse gut wachsen kann, ist es wichtig, daß man die Schale an einen warmen, hellen Fensterplatz stellt. Nach ein paar Tagen fängt es schon an zu Grünen und bald ist die Kresse so groß, daß wir diese mit der Schere abschneiden können.

Nun waschen wir sie und lassen sie im Küchensieb gut abtropfen.

Kresse schmeckt besonders gut zu Butter- oder Quarkbrot.

Ebenso kann man ca. 3 Wochen vor Ostern Grassamen in eine Tonschale säen.
Dies ist ein besonders hübsches Osternest, in welches man natürlich noch Ostereier und -hasen legen kann.
Das Ostergras kann später im Garten ausgepflanzt werden.

Der Osterhase und die Henne

Hase: Du liebe Henne, hast du Eier?
Ich brauche sie zur Osterfeier,
denn schau, es ist schon höchste Zeit,
das Osterfest ist nicht mehr weit!

Henne: Herr Osterhas', ich hab' gespart
und Eier für dich aufbewahrt.
Da hast du sie und pack' sie ein,
trag' sie nach Haus und mal' sie fein

Hase: Ich danke schön für deine Sachen,
ich werde sie recht prächtig machen.
Leb' wohl, jetzt muß ich wieder gehn -
für's nächste Jahr, auf Wiedersehn!

OSTERKUCHEN

Zutaten für den Teig:
350 g Mehl
30 g Hefe
100 g Zucker
1 Prise Salz
3 Eier
100 g Butter
1/8 l Milch (gut bemessen)

Dekorations-Zutaten:
5 buntgefärbte Ostereier
Puderzucker

Zubereitung:
Aus den Zutaten bereiten wir einen Hefeteig (wie auf Seite 26 beschrieben) zu.
Diesen Teig teilen wir in sechs gleich große Teile, die wir jeweils zu einer Kugel formen. Eine Kugel auf die Mitte des Backblechs setzen. Die anderen fünf Kugeln werden um diese kranzförmig herumgesetzt. In die fünf äußeren Kugeln wird eine Vertiefung eingedrückt.
Es werden fünf Eier aus Alufolie geformt und fest in die Vertiefung gesteckt.
Nachdem der Kuchen gegangen ist, wird er bei 200 Grad ca. 40 Minuten gebacken. Wir bestäuben den gebackenen Kuchen mit Puderzucker, die Alueier werden entfernt und dafür die buntgefärbten Ostereier eingesetzt.

Fingerspiel

Unterm Baum im grünen Gras
sitzt ein kleiner Osterhas.
Putzt den Bart und spitzt das Ohr,
macht ein Männlein, guckt hervor.
Springt dann fort mit einem Satz,
und ein kleiner frecher Spatz,
schaut jetzt nach, was denn dort sei,
und was ist's?
Ein Osterei!

Mit der linken Hand das Ostergras darstellen (alle Finger zeigen nach oben). Der Osterhase (rechte Hand) sitzt in der Handinnenfläche im Gras (Zeige- und Mittelfinger sind die Ohren und werden hochgestreckt, die anderen drei Finger berühren sich). Der Hase führt entsprechend dem Text die Bewegungen aus. Der Spatz kommt in wellenförmiger Handbewegung der rechten Hand hergeflogen. Zum Schluß formen beide Hände das Osterei (indem sich die Fingerspitzen beider Hände berühren, der Hohlraum, der in der Mitte entsteht, ist das Osterei).

Fingerspiel

Im hohen grünen Grase,
da sitzt ein Osterhase.
Er sieht sich um nach Hecken,
die Eier zu verstecken.
Ein Nestchen er gleich find't
von einem braven Kind.
Er legt hinein viel Eier
zur frohen Osterfeier.

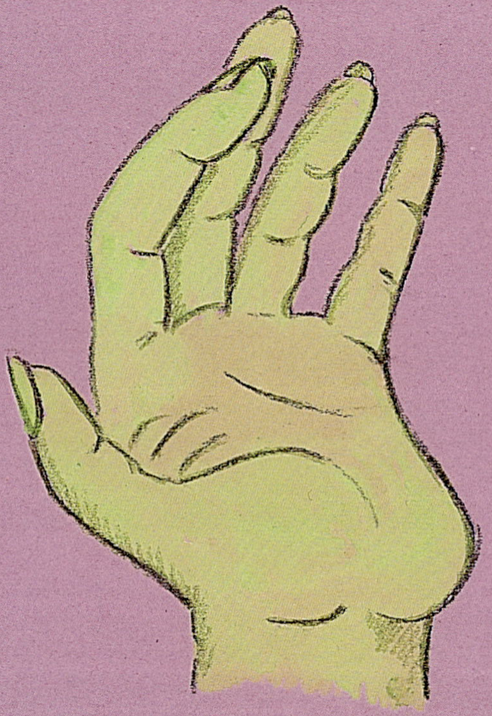

Beim zweiten Fingerspiel ist die Handhaltung gleich. Die Hände werden entsprechend dem Text bewegt.

AUSGEBLASENE EIER MIT SEIDENPAPIER BEKLEBT

Material:
ausgeblasene Eier
Seidenpapierreste
Tapetenkleister

Zum Aufhängen:
Zahnstocher
Faden
Klebstoff

Herstellung:
Es werden kleine, verschiedenfarbige Seidenpapierschnipsel gerissen. Mit dem Finger bestreicht man eine kleine Eifläche mit Kleister, darauf legt man die Seidenpapierschnipsel. Auf diese Weise wird das ganze Ei beklebt.
Das Aufhängen der Ostereier wird auf Seite 24 beschrieben.

AUSGEBLASENE EIER MIT WACHSTROPFEN VERZIERT

Material:
ausgeblasene Eier
bienenwachshaltige Wachsmalstifte (verschiedene Farben)
1 Kerze und Streichhölzer

Zum Aufhängen:
Zahnstocher
Faden
Klebstoff

Herstellung:
Die Spitze der Wachsmalstifte wird über eine Kerzenflamme gehalten. Wird das Wachs weich, tropft man es auf das ausgeblasene Ei. So verziert man das Ei mit den verschiedenfarbigen Tropfen der Wachsmalstifte.

Aufhängen der Ostereier:
Ein kleines Stückchen Zahnstocher wird mit dem Aufhängefaden in der Mitte umwickelt und festgeknotet. Damit der festgebundene Faden am Zahnstocher gut haftet, kann man ihn zur Sicherheit noch festkleben. Das umwickelte Zahnstocherstückchen wird in das ausgeblasene Ei geschoben und quer gelegt.
Statt Aufhängen kann man die hübschen Ostereier auch auf die vorne beschriebenen, einseitig beklebten Frühlingskränzchen (Seite 9) stellen.

Hasenspiel

"Sitzt ein Hasenkind im Gras,
wackelt mit den Ohr'n zum Spaß.
Seht euch seine Beine an,
ob es wohl gut hüpfen kann?
Hüpf mein Häschen, hüpf im Nu,
hüpfe lustig auf mich zu."

Die Kinder bilden einen Kreis. Ein Kind sitzt in der Mitte als Häschen. Die Kreiskinder sprechen den oben geschriebenen Vers, das Hasenkind führt die Bewegungen dazu im Sitzen aus. Zum Schluß hüpft es zu einem Kreiskind und dieses darf nun das Häschen sein.

OSTERKRÄNZCHEN

Zutaten für den Teig:
250 g Mehl
15 g Hefe
1/8 l Milch
1 Prise Salz
40 g Butter
50 g Zucker
1 Päckchen Vanillezucker

Die Teigmasse reicht für 8 Kränzchen

Zum Bestreichen:
1 zerschlagenes Eigelb

Dekoration für die Kränzchen:
8 hartgekochte Ostereier

Zubereitung:
Alle Zutaten für den Hefeteig sollten zimmerwarm sein. Das Mehl wird in eine Schüssel gesiebt. In die Mitte machen wir eine kleine Vertiefung, in welche wir die Hefe bröckeln und diese mit 1 Teelöffel Zucker und 2 Eßlöffel warmer Milch und etwas Mehl zu einem glatten Teig verrühren (Vorteig). Diesen bestäuben wir mit etwas Mehl und lassen ihn ca. 30 Minuten gehen.
Nach dem Ruhen geben wir auf den Mehlrand die weichen Butterflöckchen, den restlichen Zucker, Vanillezucker und die Prise Salz. Zusammen mit der restlichen Milch kneten wir nun einen glatten Teig, bis sich dieser von der Schüssel löst und Blasen wirft. Jetzt muß der Teig nochmals ca. 30 Minuten gehen (bis er sich verdoppelt hat). Danach kneten wir den Teig kurz durch und formen fingerdicke ca. 15 cm lange Rollen. Nun schlingen wir immer zwei Rollen zusammen und formen sie zu einem Kränzchen. In die Mitte jedes Kränzchens setzen wir ein aus Alufolie geformtes Ei (damit wir die richtige Größe bekommen), lassen sie dann nochmals ca. 10 Minuten gehen, bestreichen die Kränzchen mit Eigelb und backen sie auf mittlerer Schiene im vorgeheizten Backofen bei 200 Grad ca. 20 - 25 Minuten. Zum Schluß nehmen wir die Alu-Eier heraus und ersetzen sie durch die Ostereier.

Wir säen

Wir säen die Samen, die Samen so fein,
wir säen sie sacht in die Erde hinein.
Wir decken sie zu,
sie schlummern in Ruh.
Bald schaut nur ein Spitzchen,
empor durch die Ritzchen,
die Pflänzlein, sie sprießen,
wir wollen sie gießen,
und wenn wir schön warten,
blüht Alles im Garten.

P
S

Zitronenmelissentee

Melissen-
blättchen
pflücken...

Der Tee schmeckt
auch gut aus
Pfefferminze oder
Kamille.

...waschen und in ein
Gefäß geben...

... mit kochendem
Wasser überbrühen.

ziehen lassen und
abseihen.

WURST- UND KÄSEPLÄTZCHEN

Zutaten:
Brot (je nach Geschmack von hell bis dunkel)
Butter
verschiedene Wurstsorten (z.B. Lyoner, Gelbwurst, Streichwurst)
verschiedene Käsesorten (z.B. Gouda, Frischkäse, Streichkäse)

Garnierung:
Nüsse (z.B. Mandeln, Walnüsse)
Gemüse (z.B. Schnittlauch, Petersilie, Tomaten, Paprika, Möhren)
Obst (z.B. Kiwi, Erdbeeren, Bananen)

Ausstecherförmchen

Die Brotscheiben werden mit Butter bestrichen und mit Käse oder Wurst belegt.
Danach sticht man die Brote mit verschiedenen Förmchen aus (z.B. Blumen, Herzchen, Sterne).
Die Garnierungszutaten wie Obst und Gemüse werden entsprechend geschnitten (z.B. die Radieschen in dünne Scheiben, Erdbeeren halbiert) und die Ausstecherplätzchen damit hübsch verziert.

RAUPE AUS TRANSPARENTPAPIER

Material:
verschiedenfarbiges Transparentpapier
braune oder schwarze Tonpapierreste
schwarzer Filzstift
Klebstoff
ein Stückchen Karton für die Schablone
Zirkel, Bleistift, Schere

Herstellung:
Zuerst macht man sich mit Hilfe eines Zirkels eine Kreisschablone aus Karton von ca. 6 cm Ø. Mit dieser Schablone werden Kreise auf verschiedenfarbiges Transparentpapier aufgezeichnet und ausgeschnitten. Gut wirkt die Raupe schon mit sieben Kreisen, sie kann natürlich auch beliebig vergrößert werden. Diese Kreise werden seitlich, und zwar bogenförmig, ein Stückchen übereinander geklebt.
Auf den ersten Kreis, der den Kopf der Raupe darstellt, wird ein Gesicht gemalt und zwei, aus Tonpapier ausgeschnittene Fühler angeklebt. Genauso werden aus Tonpapier Füßchen ausgeschnitten, die immer paarweise an einigen Kreisen angeklebt werden.
Die Raupe wirkt sehr schön am Fenster, da sie so transparent, bunt und farbenfroh aussieht.

Von der Raupe zum Schmetterling

Es war einmal ein Räuplein,
grün und klein,
das ging spazieren im Sonnenschein.
Auf einmal wird es müde,
es sitzt und spinnt,
ein langes, langes Fädchen,
umwickelt sich geschwind.
Es wickelt, wickelt sachte,
es wickelt sich ganz ein,
dann schläft's wie tot viel Tage,
heut' weckt's der Sonnenschein.
Es reckt und streckt sich sachte,
und denkt es war ein Traum,
und unser kleines Räuplein,
erkennt ihr nunmehr kaum.
Auf einmal hat es Flügel,
es fliegt, es fliegt das Ding!
Und unser kleines Räuplein
ist jetzt ein Schmetterling.

Trarira, der Sommer, der ist da!

2.
Trarira, der Sommer, der ist da!
Wir wollen zu den Hecken
und woll'n den Sommer wecken:
Ja, ja, ja, der Sommer, der ist da!

3.
Trarira, der Sommer, der ist da!
Der Sommer hat gewonnen,
der Winter hat verloren.
Ja, ja, ja, der Sommer, der ist da!

Material:
Bleistift, Schere, Klebstoff
2 runde Bierdeckel oder Karton
Regenbogentonpapier
Kreppapierstreifen

Herstellung:
Zuerst den Bierdeckel als Schablone auf das Regenbogentonpapier legen. Dann malt man mit dem Bleistift um den Bierdeckel herum und schneidet den so entstandenen Kreis aus. Anschließend dasselbe nocheinmal, um einen zweiten Kreis zu erhalten.
Jeweils eine Tonpapierscheibe klebt man nun auf einen Bierdeckel. Als nächstes werden fünf verschiedenfarbige Kreppapierstreifen geschnitten. Diese sind ca. 1,5 bis 2 cm breit und ca. 1,20 m lang. Die Streifen werden auf die untere Hälfte eines Bierdeckels geklebt und der zweite Bierdeckel wird dagegengeklebt, so daß die beiden schönen Regenbogentonpapierseiten außen sind.
Die freie Hälfte der Wurfscheibe nimmt man zum Werfen in die Hand und läßt sie durch die Lüfte fliegen.
Wer keine Bierdeckel hat, kann sich auch zwei Kreise mit ca. 11 cm Ø aus Karton ausschneiden. Die Scheiben können auch mit einfarbigem Papier beklebt werden, das die Kinder vorher mit lustigen Motiven bemalt oder beklebt haben.

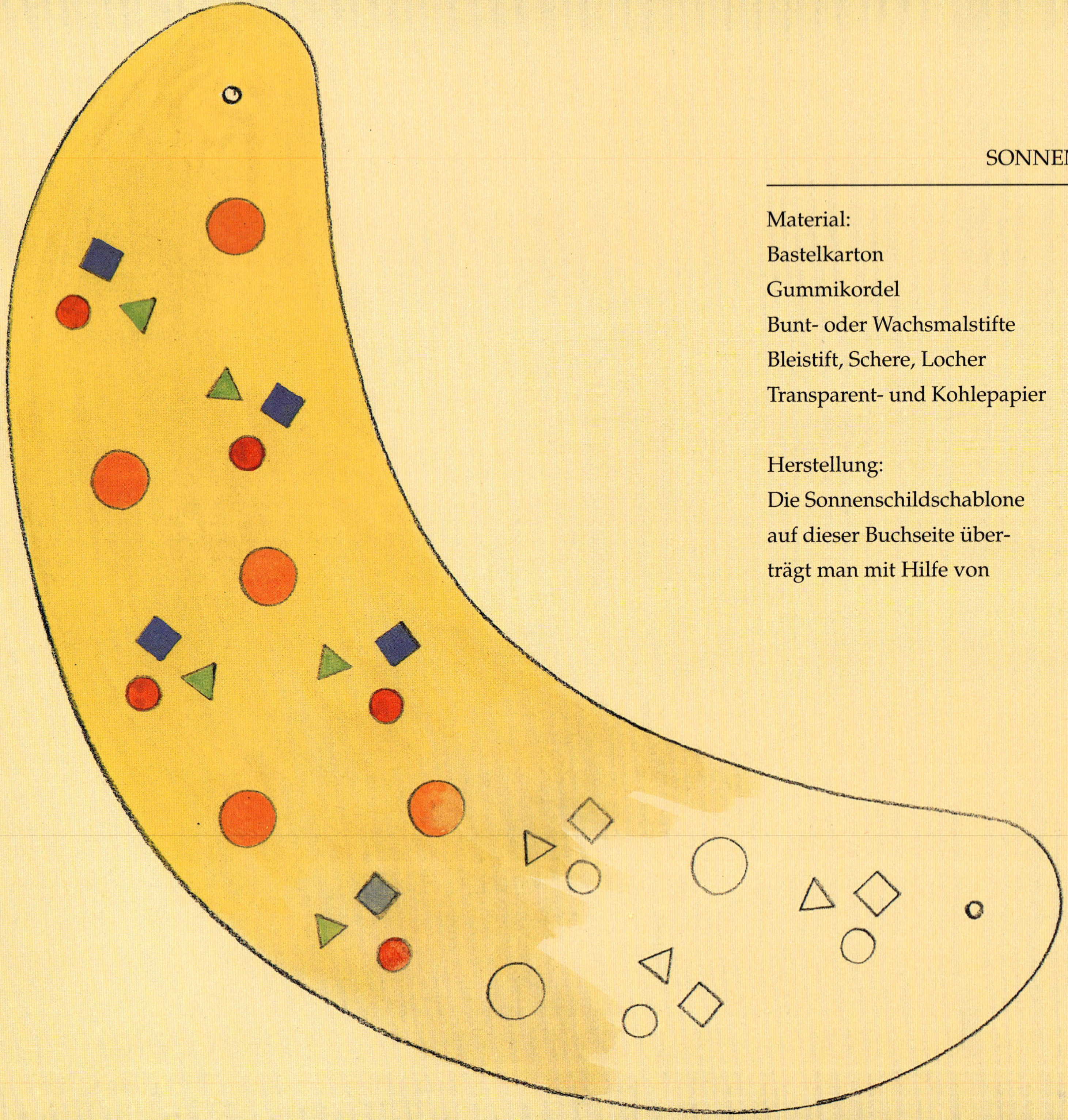

SONNENSCHILD

Material:
Bastelkarton
Gummikordel
Bunt- oder Wachsmalstifte
Bleistift, Schere, Locher
Transparent- und Kohlepapier

Herstellung:
Die Sonnenschildschablone auf dieser Buchseite überträgt man mit Hilfe von Transparent- und Kohlepapier auf einen weißen oder bunten Bastelkarton. Danach wird das Sonnenschild ausgeschnitten und rechts und links jeweils ein kleines Loch mit dem Locher herausgestanzt. Mit den Stiften können dann die Kinder schöne Muster oder ihren Namen auf das Schild malen.
Zum Schluß wird ein Stück Gummikordel abgeschnitten, durch die beiden Löcher gezogen, am Kopf des Kindes abgemessen und zusammengeknotet.
Für die Kinder ist es im Sommer ein besonderer Spaß, ihr selbstgebasteltes Sonnenschild zu tragen.

Packung
/anille-Eis
n kleine
Vürfel
chneiden

Päckchen
/anille-
Zucker

etwas
Zucker
und
Zimt

1/4 l
üße
Sahne

Sahne und
Zutaten steifschlagen

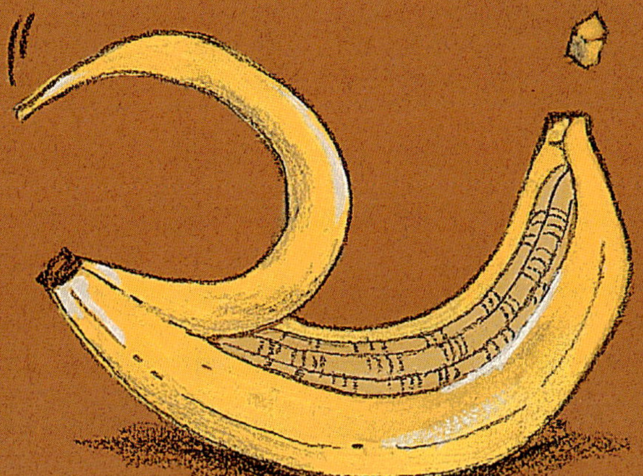

4 reife Bananen waschen, den Stiel abschneiden. 1 Streifen der inneren Schale abziehen.

Herausgenommene Bananen in Scheiben schneiden und mit Zitronensaft beträufeln.

Bananenschiffchen

Bananenscheiben und Vanilleeis-Stückchen abwechselnd in die Bananenschalen einfüllen und mit der Schlagsahne verzieren.
Zum Schluß wird auf jedes fertig gefüllte Bananenschiffchen eine Eiswaffel als Segel gesetzt.

Als weitere Variante können noch Gummibärchen als Matrosen daraufgesetzt werden.

Erdbeerquark

250g Erdbeeren

Die Erdbeeren vorsichtig waschen, Stiel und Blättchen entfernen und im Mixer pürieren.

250 g Quark

2 Eßlöffel Zucker

mit dem Erdbeermus verrühren

1 Päckchen

1 Becher

steif schlagen und mit der Erdbeer-Quarkmasse vermischen

Portionsweise in Schälchen füllen und mit ganzen Erdbeeren, Keksen oder Eiswaffeln verzieren.

SOMMERKUCHEN

1 Biskuitboden
(Wir haben einen gekauften Boden genommen, da sich dieses Rezept sehr gut für einen schnellen und einfachen Kuchen eignet.)

Zutaten:
2 Eßlöffel Zucker
2 Päckchen Vanillezucker
2 Becher süße Sahne
2 Päckchen Sahnesteif
2 Becher Frischkäse

Früchte der Saison (Erdbeeren, Himbeeren, gezuckerte Johannisbeeren usw.)
oder eine große Dose Obst

Zubereitung:
Alle Zutaten in eine Schüssel geben und gut rühren bis es eine feste Masse gibt. Dann das Obst vorsichtig unterrühren. Um den Tortenboden einen Tortenring herumlegen und die ganze Masse auf dem Boden verteilen. Den Kuchen eine Stunde in den Kühlschrank stellen und anschließend mit Sahne und einigen Früchten verzieren.

PFIRSICHBOWLE

Zutaten:
1 Dose Pfirsiche oder ca. 700 g frische Pfirsiche
ca. 2 Eßlöffel Zucker (je nach Süße der Früchte)
1 Liter Apfelsaft (gut gekühlt)
1 Liter Mineralwasser (gut gekühlt)
Saft von einer Zitrone

Zubereitung:
Mit den Dosenpfirsichen:
Den Saft und die kleingeschnittenen Pfirsiche in einen Krug oder ein Bowlegefäß geben.
Mit den frischen Pfirsichen:
Pfirsiche einige Minuten in heißes Wasser legen (nicht kochen lassen), danach die Pfirsichhaut abziehen und den Stein herausnehmen. Die Pfirsiche kleinschneiden, evtl. leicht zuckern und in das Gefäß geben.
Nun gießt man den Apfelsaft, das Mineralwasser und den Zitronensaft dazu und rührt alles vorsichtig um.
Besonders schön sehen die Bowlegläser mit einem dekorativen Zuckerrand aus.
Dazu vorher die Glasränder in Zitronensaft und danach in Zucker tauchen.

SCHATTEN-FANGEN

Scheint die Sonne, macht es den Kindern viel Spaß, Schatten-Fangen zu spielen. Ein Kind übernimmt die Rolle des Fängers, die anderen Kinder springen vor diesem davon. Der Fänger muß versuchen den Schatten eines Kindes mit dem Fuß zu betreten. Hat er es geschafft, so wird dieses Kind zum Fänger.

Sommerrätsel

Hell und rund am Himmel steht sie,
warme Strahlen zu uns schickt sie.
(Die Sonne)

Ach, ach, ach.
Wer läuft mir immer nach?
Es ist ein kleiner schwarzer Mann,
der ohne mich nicht laufen kann.
(Der eigene Schatten)

In meinem kleinen Apfel

2.
In jedem Stübchen wohnen
zwei Kernchen schwarz und fein
die liegen drin und träumen
vom lieben Sonnenschein.

Apfeljoghurt

1 Becher Naturjoghurt

2 Eßl. Orangensaft

1 Eßl. Zitronensaft

1 - 2 Eßl. Zucker gut verrühren

Den gewaschenen großen Apfel mit oder ohne Schale auf einer Rohkostreibe raspeln und in die Joghurtmasse geben.

1 Eßl. gehackte Nüsse

Den Joghurt in Portionsschälchen verteilen, mit den Nüssen bestreuen und kühl stellen.

Herbsträtsel

Wer ist so klug, wer ist so schlau,
dem schüttle ich was vom Bäumchen,
`s ist innen gelb und außen blau,
hat mittendrin ein Steinchen.
(Die Pflaume)

Stacheln hab' ich wie ein Igel.
Ei, sieht das nicht lustig aus?
Purzle ich vom Baum herunter,
springt ein braunes Männlein `raus.
(Die Kastanie)

Wer ist der arme Tropf,
hat einen Hut und keinen Kopf -
und hat dazu,
nur einen Fuß und keinen Schuh.
(Der Pilz)

Fingerspiel

Die Birne

Es ist einmal eine dicke Birne gewesen,
fünf Männlein hätten sie gerne gegessen.
Das erste Männlein fragt: Darf ich dich essen?
Die Birne sagt: Nein, nein.
Du bist mir viel zu klein.

Das zweite Männlein fragt: Darf ich dich essen?
Die Birne sagt: Ich denk' nicht dran,
du bist mir viel zu lang.

Das dritte Männlein fragt: Darf ich dich essen?
Die Birne sagt: Du hast kein Glück,
du bist mir viel zu dick.

Das vierte Männlein fragt: Darf ich dich essen?
Die Birne sagt: Ich bleib am Holz,
du bist mir viel zu stolz.

Das fünfte Männlein fragt: Darf ich dich essen?
Die Birne sagt: Das hat keinen Sinn,
du bist mir viel zu dünn.

Da fiel die Birne in's Gras.
Und wißt ihr was?
Da kam der Igel mit seinen Jungen,
die haben die ganze Birne verschlungen!

Der Daumen der linken Hand stellt die Birne dar. Die fünf Finger der rechten Hand sind die Männlein. Während dem „Gespräch" zwischen Birne und Männlein werden die jeweiligen Finger bewegt.

Zum Schluß kommt der Igel mit seinen Jungen, dies wird mit den Fingern der rechten Hand gespielt, indem sie zur Birne (linker Daumen) hinlaufen und diese verschlingen.

TISCHLATERNCHEN

Material:
Boden einer kleinen Käseschachtel
Ausstecherförmchen
Transparent- und Tonpapier
Schere, Bleistift, Klebstoff
Teelicht

Herstellung:
Es wird ein rechteckiger Streifen Tonpapier, etwas breiter als der Umfang der Käseschachtel (Rand zum Überkleben), geschnitten. Auf diesen Tonpapierstreifen werden mit den Ausstecherförmchen Motive wie z.B. Mond und Sterne aufgemalt. Diese Motive schneidet man aus und hinterklebt sie mit Transparentpapier. Als nächstes wird unser fertiggestalteter Tonpapierstreifen um die Käseschachtel geklebt. Danach werden die beiden Seitenteile noch zusammengeklebt und ein Teelicht in das Laternchen gestellt, so daß es schön leuchten kann.

Laterne, Laterne

GLASLICHTCHEN

Material:
1 kleines Glas (die Öffnung sollte breit genug sein, damit man hineingreifen und das Teelicht anzünden kann)
verschiedenfarbiges Transparentpapier
Tapetenkleister

Herstellung:
Aus dem verschiedenfarbigen Transparentpapier werden Streifen gerissen. Jeweils eine kleine Glasfläche bestreicht man mit dem Finger mit Kleister und klebt die Streifen auf, bis das Glas rundherum mit Transparentpapier beklebt ist.
Es sollte nicht Streifen an Streifen geklebt werden, sondern diese z.T. auch übereinanderkleben, damit das Licht wirkungsvoller wird.

LICHTERSCHIFFCHEN

Material:
Papier, das nicht saugfähig ist
Puppenlichtchen

Herstellung:
1. Ein rechteckiges Stück Papier wird in der Mitte zusammengefaltet.

1.

2. An der geschlossenen Kante den Mittelpunkt festlegen und die beiden Ecken zur Mitte falten.

2.

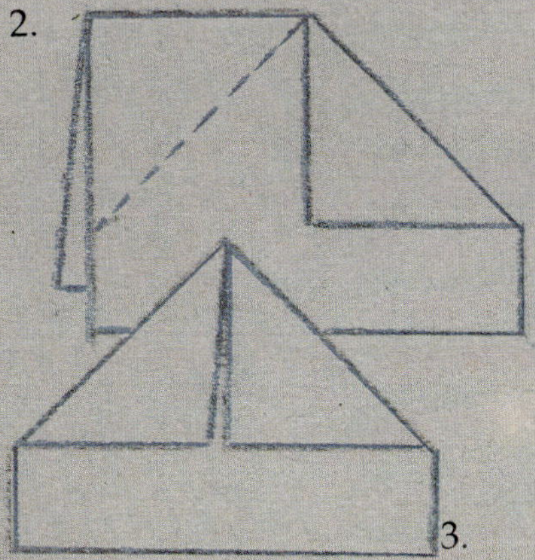

3.

3. Den unten entstandenen Rand vorn und hinten nach oben falten und die überstehenden Ecken umfalten.

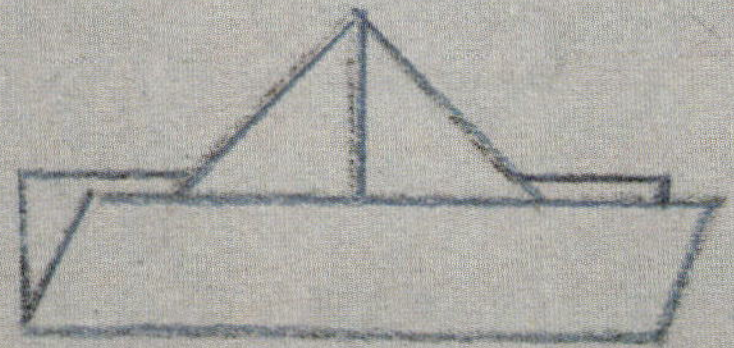

4. Die rechte und linke Ecke legt man zusammen, so daß ein Quadrat entsteht.

4.

5.

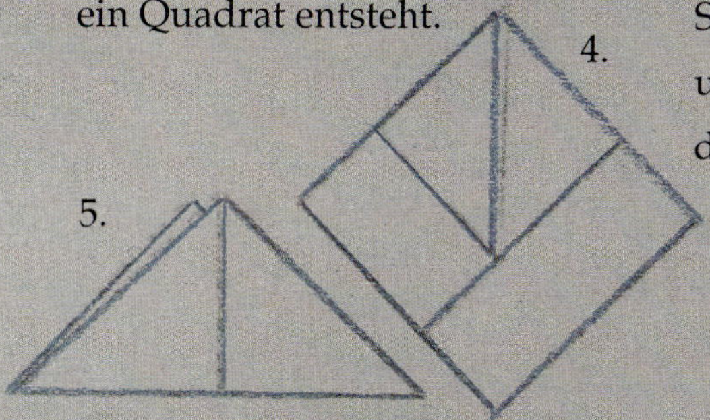

5. Die beiden Spitzen vorn und hinten werden zu einem Dreieck hochgefaltet.

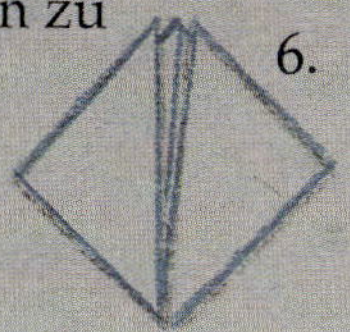

6.

6. Die rechte und linke Ecke werden nun wieder zu einem Quadrat gefaltet.

7.

7. Die oberen Spitzen werden nach außen gezogen, so daß das Schiffchen entsteht.

8. Mit der Schere wird nun noch ein kleines Stück der Schiffsspitze abgeschnitten und ein Puppenlichtchen durchgeschoben.

8.

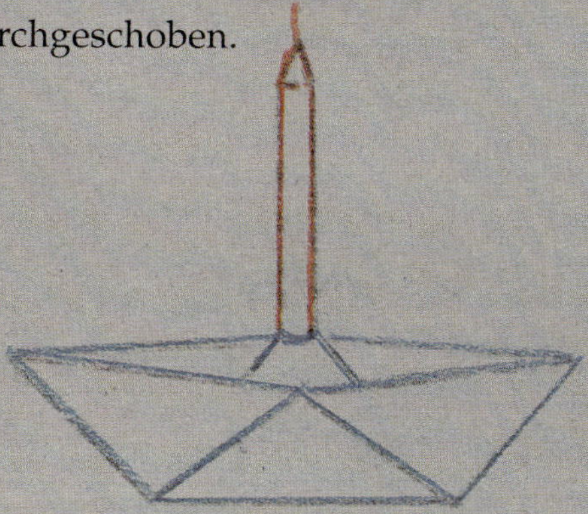

Die Kinder können ihre Schiffchen mit Wachsmalstiften anmalen und mit ihrem Namen versehen. Es ist immer eine Freude, wenn man diese Lichterschiffchen in der Abenddämmerung auf einem See schwimmen läßt. Natürlich macht es auch in der Badewanne oder im Waschbecken viel Spaß.

Winterrätsel

Im Winter halt' ich dich schön warm,
im Frühling nimmst du mich auf den Arm,
im Sommer willst du nichts von mir wissen,
im Herbst wirst du mich wieder anzieh'n müssen.
(Anorak/Mantel)

Ich kenne einen guten Mann,
im Winter liebt ihn jedermann.
Doch, wenn die Sommerblumen blüh'n,
kümmert sich kein Mensch um ihn.
Der Mann in vielen Stuben steht
und niemals von der Stelle geht.
(Ofen)

Was grünt im Sommer und im Winter,
erfreut zur Weihnachtszeit die Kinder?
(Tannenbaum)

Er ist ein Freund der Kinder,
kommt immer nur im Winter,
trägt Schweres auf dem Rücken,
sie zu beglücken,
(Nikolaus)

Alle Jahre wieder

2. Kehrt mit seinem Segen ein in jedes Haus,
geht auf allen Wegen mit uns ein und aus.

3. Steht auch mir zur Seite, still und unerkannt,
daß es treu mich leite, an der lieben Hand.

NUSSHÄUFCHEN

Zutaten:
3 Eier
375 g Puderzucker
1 Päckchen Vanillezucker
1 geriebener roher Apfel
500 g gemahlene Haselnüsse
Backoblaten
ganze Haselnüsse zum Verzieren

Zubereitung:
Die Eier mit dem Puderzucker und dem Vanillezucker schaumig rühren. Den geriebenen Apfel und die gemahlenen Haselnüsse untermischen. Von der Masse mit feuchten Händen kleine Häufchen formen und auf die Backoblaten setzen. In die Mitte der Nußhäufchen eine ganze Haselnuß als Verzierung leicht eindrücken. Im vorgeheizten Backofen bei 180 Grad 25 Minuten backen.

Apfellicht

In einen roten Apfel von oben mit einem Apfelstecher ein- stechen und ein Stückchen aushöh- len, damit man eine Kerze hineinstellen kann.

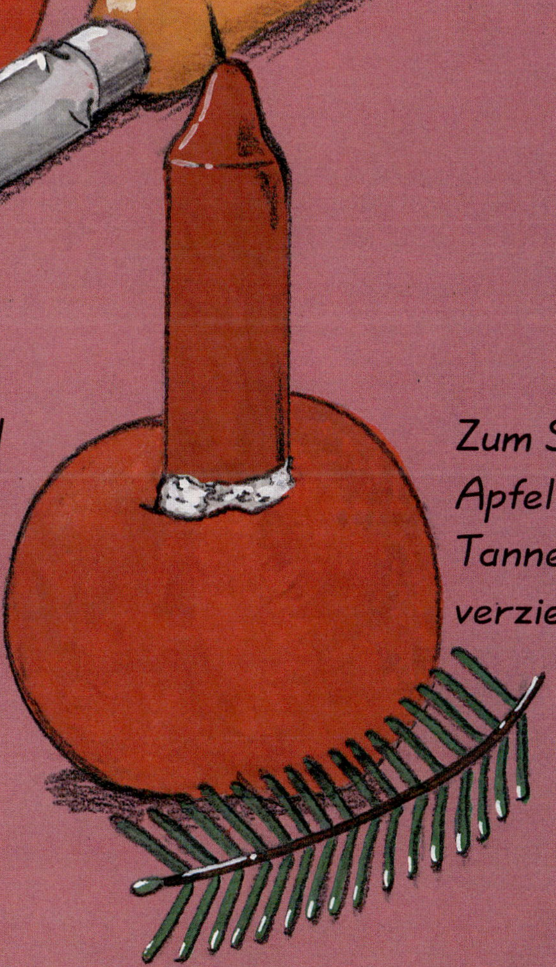

Eine rote Kerze mit Alufolie umwickeln und in den Apfel stecken.

Zum Schluß das Apfellicht mit Tannenzweigen verzieren.

QUARKSTOLLEN

Zutaten:
500 g Mehl
1 Päckchen Backpulver
175 g Zucker
1 Päckchen Vanillezucker
200 g Butter
2 Eier
100 g kleingeschnittenes Orangeat
250 g Quark (gut abgetropft)
200 g Rosinen
200 g abgezogene, gehackte Mandeln
1 Teelöffel Zimt
abgeriebene Schale einer Zitrone
Puderzucker zum Bestäuben

Zubereitung:
In die Mitte des gesiebten und mit Backpulver vermischten Mehls den Zucker, Vanillezucker und die Eier geben und gut verrühren. Auf den Mehlrand die kalte, kleingeschnittene Butter geben und alles zu einem glatten Teig zusammenkneten. Danach werden die übrigen o. g. Zutaten nacheinander eingeknetet. Auf einem gut gefetteten Blech aus dem Teig einen Stollen formen und bei 200 Grad ca. 60 Minuten backen. Den kalten Quarkstollen mit Puderzucker bestäuben.

STERN AUS TRANSPARENTPAPIER

Material:
Transparentpapier
Klebstoff, Schere, Lineal,
Bleistift

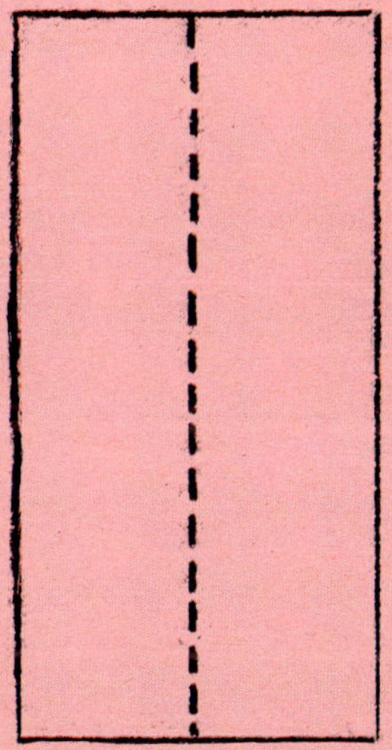

Herstellung:
Auf Transparentpapier werden acht gleich große Rechtecke (z.B. 7 cm breit und 14 cm lang) aufgezeichnet und ausgeschnitten. Jedes Rechteck wird der Länge nach in der Mitte zusammengefaltet und wieder geöffnet.

Alle vier Ecken werden an diese so entstandene Mittellinie gefaltet.

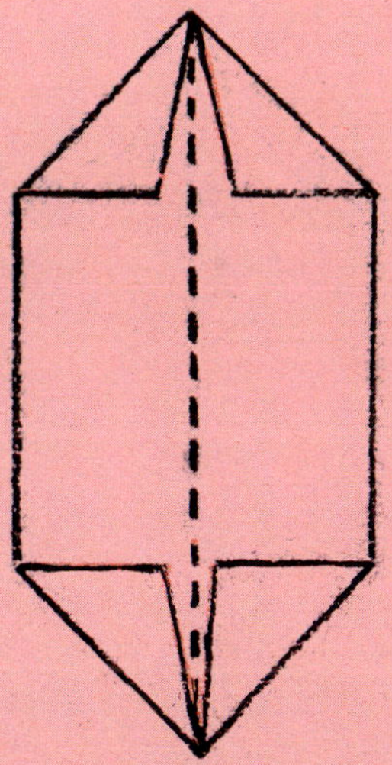

Die unteren zwei Ecken sind fertig, die oberen beiden werden nochmals zur Mittellinie gefaltet (die Teile immer gut falten!).

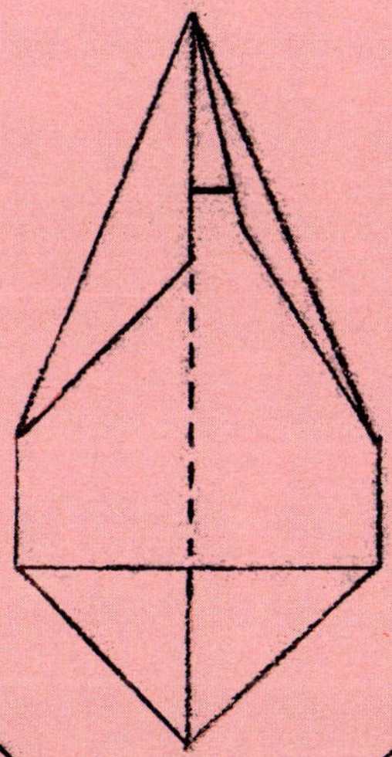

Sind alle acht Rechtecke gefaltet, werden diese nacheinander angeklebt und zwar folgendermaßen: Die nur einmal gefalteten Ecken werden jeweils im rechten Winkel an der Mittellinie des vorherigen Sternteils aufgeklebt. Die doppelt gefalteten Ecken bilden die Sternspitzen.

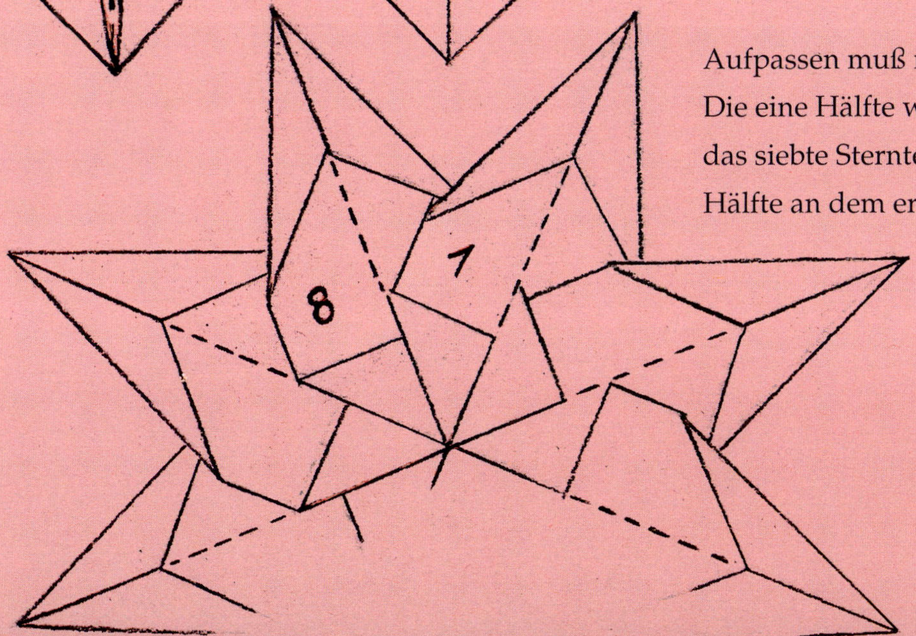

Aufpassen muß man beim letzten Sternteil. Die eine Hälfte wird im rechten Winkel an das siebte Sternteil geklebt, und die andere Hälfte an dem ersten Sternteil untergeschoben und festgeklebt, so daß der Sternverlauf immer derselbe ist.

WEIHNACHTSTORTE

Zutaten:
1 fertig gekaufter dreiteiliger Schokoladenbiskuit-Tortenboden
2 Blatt weiße Gelatine
1 l süße Sahne
100 g Zucker
50 g Kakaopulver
6 Eßlöffel Himbeermarmelade
100 g Blockschokolade
8 rote Belegkirschen
50 g geröstete Mandelplättchen

Zubereitung:
Die Gelatine in kaltem Wasser einweichen, ca. 10 Minuten quellen lassen und im Wasserbad auflösen.

Die Sahne mit dem Zucker steifschlagen. Ein Drittel der Sahne mit dem Kakao verrühren und auf den untersten Tortenboden streichen. Den zweiten Tortenboden daraufsetzen. Ein weiteres Drittel der Sahne mit der Himbeermarmelade und der Gelatine verrühren und damit den zweiten Tortenboden bestreichen. Den dritten Boden daraufsetzen.
Die Torte außen mit der restlichen Sahne bestreichen und 16 Rosetten oben aufspritzen.

Die Hälfte der Blockschokolade im Wasserbad schmelzen, dünn auf Alufolie streichen und mit einem Sternausstecher 16 Sterne ausstechen.

Jede Rosette mit einem Stern und einer halben Belegkirsche verzieren. Die restliche Schokolade grob raspeln und auf der Tortenmitte verteilen. Zum Schluß noch den Tortenrand mit Mandelplättchen bestreuen.

Schneeflöckchen, Weißröckchen

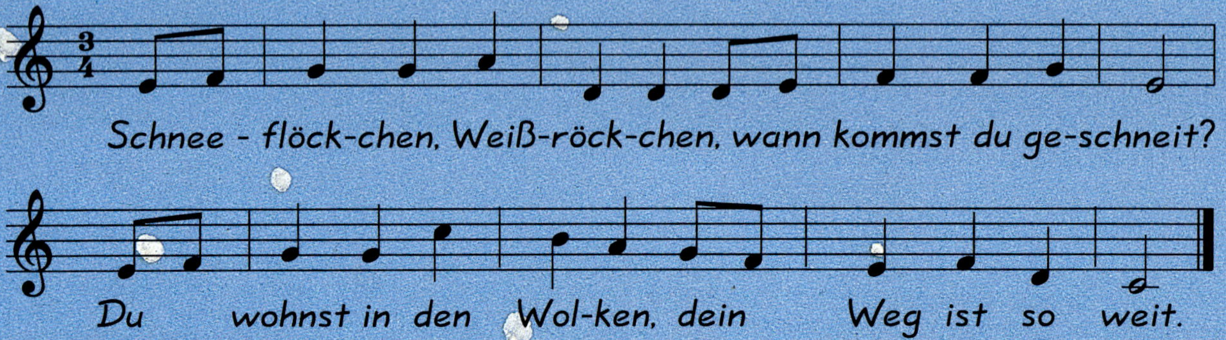

2.
Komm, setz dich ans Fenster,
du lieblicher Stern,
malst Blumen und Blätter,
wir haben dich gern.

3.
Schneeflöckchen, du deckst uns
die Blümelein zu,
dann schlafen sie sicher
in himmlischer Ruh.

4.
Schneeflöckchen, Weißröckchen,
komm zu uns ins Tal,
dann bau'n wir den Schneemann
und werfen den Ball.

Schneerätsel

Welch' seltsamer Riese
steht dort auf der Wiese?
Ist weiß überall,
sein Bauch dick und prall,
der Kopf wie ein Ball,
die Nase ein Rübchen.
Kommt lachend ein Bübchen
heraus aus dem Stübchen
und stülpt auf den Kopf
ihm einen Topf.

(Schneemann)

Meine Hände schließen sich
um einen runden Ball.
Und denkt nur, dabei friere ich!
Was ist das? Ratet mal!

(Schneeball)

Hat ein weißes Röckchen an,
freut sich, daß es fliegen kann.
Fängst du's mit den Händen ein,
wird es bald geschmolzen sein.

(Schneeflocke)

Fingerspiel

Schlittenfahren

Fünf Brüder gehen durch den Wald,
der Weg ist hart, die Luft ist kalt.
Der Erste sagt: Oh Bruder, schau,
die Wolken sind so schwer und grau.
Der Zweite sieht hinauf zur Höh':
Ich glaub', sagt er, es gibt Schnee.
Der Dritte schaut und sagt sodann:
Es fängt ja schon zu schneien an.
Der Vierte hält die Hände auf,
da fällt ihm weicher Schnee darauf.
Der Fünfte ruft: Ich lauf' nach Haus
und hole unsern Schlitten raus.
Nun setzt euch auf, ihr lieben Brüder,
und saust mit mir den Berg hernieder.

Dem Text entsprechend werden die Brüder mit de fünf Fingern einer Hand dargestellt. (Daumen beginnt als erster Bruder).

SCHNEEBALL-LAUF

Zuerst wird mit einem Stock eine Start- und Ziellinie im Schnee markiert. Am Ziel werden zwei Plastikwännchen aufgestellt. Am Start liegen die fertigen Schneebälle (sie sollten möglichst gleich groß und fest geformt sein). Die Kinder stellen sich in zwei Gruppen hinter der Startlinie auf und das erste Kind jeder Gruppe bekommt einen Kochlöffel in die Hand, worauf es einen Schneeball legt. Auf das Kommando „Auf die Plätze, fertig, los" laufen die Kinder mit ihrem Schneeball-Kochlöffel zum Ziel, legen ihren Schneeball in die Wanne, laufen wieder zurück, und die beiden nächsten Kinder kommen dran. Das Spiel ist zu Ende, wenn alle Kinder gelaufen sind und jeweils einen Schneeball in die Wanne gelegt haben. Fällt einem Kind beim Laufen ein Schneeball herunter, muß dieses zurück zum Start und nochmals von vorne beginnen. Für ältere Kinder kann man das Spiel schwieriger gestalten, indem man Hindernisse einbaut, z.B. leere Flaschen aufstellt, so daß sie im Slalomlauf zum Ziel kommen müssen.

KNUSPERBÄLLCHEN

Zutaten:
- 250 g Butter
- 180 g Zucker
- 2 Eier
- 1 Päckchen Vanillezucker
- 350 g Mehl
- 1/2 Päckchen Backpulver
- 200 g Cornflakes
- 100 g gehackte Schokolade
- 125 g Rosinen

Zubereitung:
Die Butter wird mit dem Zucker und Vanillezucker schaumig gerührt. Danach werden die Eier nach und nach mitgerührt. Das, mit Backpulver vermischte, gesiebte Mehl anschließend unterheben. Die Cornflakes, gehackte Schokolade und die Rosinen mit der Teigmasse vorsichtig vermischen. Walnußgroße Bällchen formen und auf ein gefettetes Blech setzen. Im vorgeheizten Backofen bei 180 Grad ca. 15 bis 20 Minuten backen.

Kinderpunsch

1 Stückchen Zimt

6 Nelken

Schale einer 1/2 Zitrone

Honig oder Zucker nach Belieben

1/4 l Wasser

1 Prise Muskatnuß

Alles in einen Topf geben und gut kochen lassen

Saft von 2 Zitronen

Saft 1 Orange

1 Flasche roter Traubensaft oder Kirschsaft

1 Flasche Apfelsaft

Restliche Zutaten dazugeben und heiß werden lassen. Das Ganze in einen Krug seihen und heiß servieren.

Mit Basteln, Backen , Spiel
sind wir nun am Ziel.
Unser Wunsch war sehr viel Freude
für Euch lieben, netten Leute.
Es war schön mit Euch durchs Jahr zu geh'n,
wir sagen nur "Auf Wiedersehn"
und freuen uns auf Euren Besuch
im neuen "Zwergenstübchen Buch".

INHALT

Seite

BASTELN:

LIEDER:

RÄTSEL:

REIME:

SPIELE:

REZEPTE:

Gesamtherstellung:	Vehling Verlag GmbH, Werl i.W.
Verantwortlich:	Elke Schuster
Mitarbeit:	Zwergenstübchenmütter
Illustration:	Rita Stein
Fotografie:	Axel Waldecker
Satz:	Ulrich Stein
Litho:	Schmiku Repro

Die Bastelanleitungen und Rezepte in diesem Buch sind vom Zwergenstübchen und Verlag sorgfältig erwogen und geprüft, dennoch kann eine Garantie nicht übernommen werden.

Eine Haftung des Zwergenstübchens bzw. des Verlages für Personen-, Sach- und Vermögensschäden ist ausgeschlossen.
ISBN 3-536-00482-2